삼국지톡

문학동네

유비(字 현덕)

하루 벌어 하루 먹고사는 가난뱅이 개백수지만,
마음만은 백성들을 생각한다. 같은 동네 사는 장비를 만난다.

관우(字 운장)

의리 때문에 2G 폰을 버리지 못하는 사내. 진상을 부리고 있는
악덕 경찰을 제압하며 유비, 장비의 눈에 띈다.

장비(字 익덕)

정육점을 운영하고 있는 당찬 고딩. 부모가 물려준
전 재산을 들여 유비와 함께 황건적 토벌을 꿈꾼다.

조조(字 맹덕)

스물에 벼슬에 올라 나라를 위해 10년을 바친 후한의 공무원.
비선실세 '십상시'를 혐오한다.

차례

지금으로부터 1800여 년 전, 중국 후한 말기.

나라는 혼란스러웠고 백성들은 도탄에 빠졌다.

그런 혼세를 평정하고 각각 나라를 세워 스스로 왕이 된 영웅이 셋 있었으니…

오吳나라를 세운 '손권'

위魏나라를 세운 '조조'

그리고 촉蜀나라를 세운 자비로운 군주 '유비'였다.

본디 '용'은 개울에서 태어난다고 했던가…
유비는 가난한 시골집에서 태어났다.

일찍 아버지를 여의고, 홀어머니와 단둘이 살았는데…

유비님이 방송을 시작했습니다.

[백수TV] 백수들아 내가 자존감 높여준다
[실시간채팅]
1명 시청중

안녕, 안녕?

시청자1님이 입장하셨습니다.

[백수TV] 백수들아 내가 자존감 높…
1명 시청중

(부끄)

시 ㅋㅋㅋㅋㅋㅋ
시 귀 왤케크죠
시 안녕안녕

시청자1님…

아 첫방 왤케 떨려?

유비 너!!!
차라리
집 나가!!!

수들아 내가 자존감 높여준다

[실시간채팅]
1명 시청중

유비님이 방송을 종료했습니다.

시 ㅇㅋ감사합니다

시 ㅋㅋㅋㅋㅋㅋㅋㅋㅋㅋㅋㅋㅋㅋㅋ

시 ㅇㅎ(아하)

시청자1님이 퇴장하셨습니다.

내 이름은 유비

까똑!

어마마마

어마마마
싱겁기는

너늦잠자느라
아침도안먹었지?

렌지위에곰국해놨다

소금간하도록

유비
오 아싸 한우사골??

어마마마
엄마 등골~^.^)

끄응…

내 이름은 유비

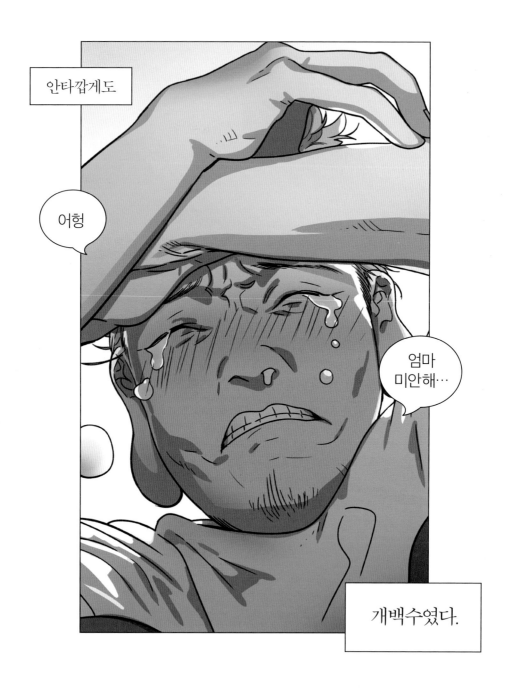

더러운 세상

유비네 집

찰칵

홀어머니 모시며 열심히 사는 유비.

가난하고 힘없지만, 언제든 나라 위해 한몸 바치고자 했다.

잉? 엄마 어디 가셨나?

아~ 오늘 계모임 날이지?

…그러나, 나랏일을 하려면
먼저 벼슬을 받아야 했으니…

냠냠

까똑!

어마마마

유비

엄마 나 밥먹는중

곰국 엄청찐해
사랑합니다

방바닥 닦았고 세탁기도 돌리는중

어마마마

잘했다

근데너취업정말 안하니

엄마소원알잖아
너공무원증따는거

유비

이잉 싫어싫어

망
마
뿌
쮸

유비는요 엄마랑 평생 살꼬얌

미친놈!

ㅋㅋ

시험을 치러 벼슬을 받는 '과거제'가 아직 없던 후한.

대신, 관직에 있는 사람이 훌륭한 젊은이를 추천하면

나라에서 벼슬을 주었는데, 이를 '효렴제'라 한다.

행정직 공무원 공개채용
탁현군청

얼마 전

성이 유씨네?

면접관

삼국지록

어릴 때부터 어머니가 신신당부하셨습니다. "우리가 비록 가난해도 너는 황손이야".

"그러니까 평생 백성들을 위해 살아야 해".

아기 유비

그러니 이 유비! 기회만 주신다면···

나라를 위해 이 한몸 바치겠습니다!

잠깐, 유비씨.

빽 없고 돈 없으면…
기회조차 가질 수 없단 걸!

아오씨!
차라리
속
시원하게…

한 대
팰걸!

언놈이 자꾸
문자질이야?!

사람이 지금
죽어가는데

……

헐?

이게
뭔 난리래???

화, 황건적?

후한 황실 방금 전
[긴급재난알림] 황건적 출몰

후한 황실 방금 전
노약자 및 일반인 철저한 문단속 바랍니다.

후한 황실 방금 전
황건적 토벌군 특별채용중 : ㅐ

황건적 "이딴 나라 망해도 싸"

😠😱 154   💬 202   가가   ⤴

공무원들만 골라 폭행… "벼슬아치 극혐"
경찰, 군인들조차 속수무책

헐… 이게 뭐야.
"곳곳에서 강도, 살인".

"황제폐하도 속수무책…
황건적 무찌를 영웅을
찾습니다".

미친?

돌았네…
나라에서 일반인한테
SOS칠 정도면

경찰이랑 군대는
이미 황건적한테
개박살났단 소리잖아.

서, 설마…!

31
*
황건적의 난

우리 나라
망하나??

부패한 벼슬아치들, 흔들리는 나라,
오래도록 고통받은 백성들.

배고픔에 지친 이들이
성난 황건적이 되어
수도 낙양까지 위협했다.

하지만, 위기가 닥치면
영웅들이 솟아나는 법!

와~
대박이다.

멋있네...

인기태그
1위 계속
킬건적이네?

...4K in*duk님이 좋아해요
...rman1 독애골 육개주마 황건적 #킬건적

auau* 와형님 멋지십니다
근데 Kil 아니고 Kill건적...
kilurman1 엇저라고
auau* 아니 형님...
멋지다구요
황건적들 긴장해라!

힘깨나 쓰는
사람들 다
모였구먼?

in*duk

muscle*_king님이 좋아하오

in*duk 형 황건적 잡으러간다 #킬건적

muscle*_king

이욜~
울끈불끈~
캬 부럽네!

in*duk님이 좋아하오

muscle*_king 이날을 위해 쌓은 삼두근 ㅋㅋ
#킬건적 #의병 #참전합니다

kilurman1

18.4K in*duk님이 좋아하오

kilurman1 둑애골 유개주마 황건적 #킬

황건적 무찌르면
벼슬 큰 거
준다던데…

오잉?
맞네!

나라고
못할 게 뭐야?

불끈!

나도 어릴 때
검도 꽤
오래했거든?

16:08

새메시지   X
유비
헉 맞팔했스ㅂㄴ;ㅣ다

> 밀어서 잠금해제

씨익

긁적…

"익덕님,
선팔 감사합니다"…

토독

토도독

"근데 왜 저 팔로…
하셨어요?"

뻐꾹!

〈 장비 @ikdeok_t*e_butcher

 장비(ikdeok_t*e_butcher)
ㅋㅋ

유비(bulhyo*hyundeok)
저 아세요??

장비(ikdeok_t*e_butcher)
아니

킬건적 태그타고옴

나도 의병할거라 ㅋ

나도 황건적이랑
싸울거라ㅋㅋㅋㅋㅋ
에헴ㅋ

유비(bulhyo*hyundeok)
오오오

헐 대박!!

장비(ikdeok_t*e_butcher)
ㅋㅋㅋㅋㅋ

뻐꾹!

근데 야 너 글 지웠냐?

bulhyo*hyundeok
···

이 글 왜안보임??

좋아요 눌렀는데

악!
쪽팔려!

뻐꾹!

유비(bulhyo*hyundeok)

죄송합니다 나대서

그 사진 내렸습니다 쪽팔려서...

장비(ikdeok_t*e_butcher)

?

유비(bulhyo*hyundeok)

저 진짜 일반인1이에요

알바도 짚신만들기
이딴거만 했고...

나같은게 무슨수로
백만 황건적이랑 싸운다고 큽

장비(ikdeok_t*e_butcher)

얌마크
나도 자영업잔데?

자… 장씨네
정육점?

장비형님,
정육점
사장님이셔?!

43
카리스마 장비형님

뻐꾹!

< 장비 @ikdeok_t*e_butcher

유비(bulhyo*hyundeok)
대단하시네요

 장비(ikdeok_t*e_butcher)
뭐가

유비(bulhyo*hyundeok)
역적들이랑 싸우는거
안 겁나시는지

사람 목도 따야할건데

 장비(ikdeok_t*e_butcher)

소모가지가 굵어
사람모가지가 굵어

유비(bulhyo*hyundeok)
소요

장비(ikdeok_t*e_butcher)
돼지모가지가 굵어
사람모가지가 굵어

유비(bulhyo*hyundeok)
돼지요

뻐꾹!

장비(ikdeok_t*e_butcher)
근데
내가

겁날까??

한시간에
소돼지머리
50개컷하는데?

크~ 멋지셔!

카리스마 장비형님

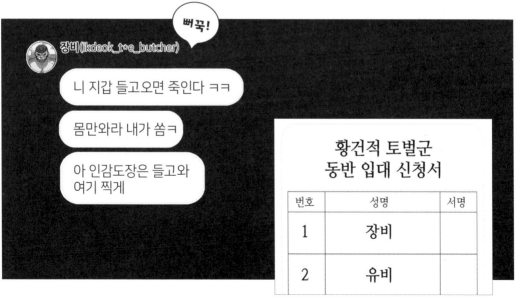

카리스마 장비형님

엥?

유비!
너 나랑…

같이 황건적
때려잡자!

씨익...

유비네 집

아들~
어디 나가니?

살다살다
별일이 다 있네.

유비 니가 웬일로
머리를 다 감는데?

*백수 패시브 스킬 : 씻으면 외출하냐고 물음.

술 마시고 올게요.
늦을 듯?

누구랑?
여자친구?

헉!

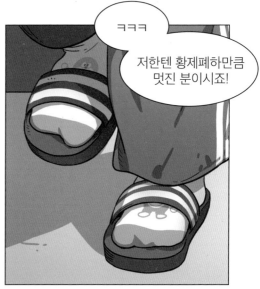

머리에 피도 안 마른 게

머리에 피도 안 마른 게

니 지금 어디냐?

머리에 피도 안 마른 게

급식지왕

겨우

16~19세 사이.

님아?

님아~ㅋ

뻐꾹!

장비(ikdeok_t*e_butcher)

ㅋ

똑똑 동생아

유비(bulhyo*hyundeok)

아 꺼져.........

나 니랑 말 안해

뻐꾹!

유비(bulhyo*hyundeok)

하...
나 얼마나 웃겼을까ㅠ

교복입은 애기한테
형님형님 거리고

꼬박꼬박 존댓말하고

장비(ikdeok_t*e_butcher)

ㅋ

머리에 피도 안 마른 게

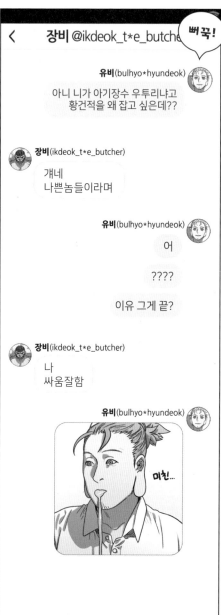

머리에 피도 안 마른 게

×나
애 취급하네ㅋㅋ
니 나 자꾸
무시하지?

ㅇㅋ~
나 애인 거
인정!

근데,
이거 보고도
그런 말이 나올까
ㅋㅋ?

지이이익

?!

머리에 피도 안 마른 게

~10년쯤 전~

장비(초딩)

우와!
좋겠다!

헐 야!
장비
핸드폰
있어!!!

우와아!

변기에
빠뜨려봐도 돼??
이거 방수래!
방송에서
그랬어!

비야!
나 우투부
봐도 돼??

ㅋㅋ

ㅇㅇ

우리집은 잘살았다.
그래서 난 물건에 집착 안 했다.

그러던 어느 날
엄마 아빠가 말했다.

우리집 전 재산
오늘부터
니가 관리해.

장비(고딩)

잘 아껴놨다가
커서 착한 사람 만나면,
이 돈으로 큰일 해.
알았지?

그날부터 난 변했다.

야. 폰 좀 쓰자?

ㅋㅋㅋㅋ

삼국지록

꼬옥…

난 백수다.
그래서 늘… 메신저
상태메시지를
비워놓는다.

그냥 삽니다……

유비

충성ㅋ
바쁨 / 조국을 위해 몸 바치는 중

자랑할 게 없으니까.
하지만… 내가…
장군이 된다면?!

겁 나 쾌 감

눈칫밥 먹는
백수짓
안녕하고…

 유비
183년, 모바일로 작성

또 밤샜다…우울…백수란….
세상에서 떨궈진…미아같은 존재인듯…

 유비맘님이 좋아하시오! 댓글 0개

 유비
184년, 모바일로 작성

조국을 위해 친한 동생 장비와
의병 일으켰습니다ㅎㅎ
황실을 위해 몸바치겠습니다!
전군 전진하라!

 18.4k 댓글184개

모두가
부러워하는
'유비 장군님'이
된다면?!

큰일 한번 쳐보자!

긴 수염의 사나이

다음날,
유비네 집

??

야. 나 뭐
실수했나?

엥?

아니… 어제 만난
관우씨랑 얘기중인데…
다 단답임… 헐…

유비

ㅎㅎ안녕하세요

저 유비라고 합니다

어제 탁군비어… 귀큰애ㅋㅋ

관우

ㅇ

메시지

후한텔레콤
[web발신]
알뜰처절 절약형 요금제
가 ... 자 제공량 소진안내

... 발신]
... 번달 잔여문자 10건
... 았습니다.

반응이 영…ㅠ
미적지근하네?!

관우의 숙소

유비와…
장비?

메시지

유비
죄송합니다ㅋㅋㅋㅋ

깜짝 놀라셨죠
제가 갑자기 번호따서

관우
ㅇ

유비
ㅠㅠ

근데 어제 정말
감동받았거든요ㅠㅠ

영화보는줄.....

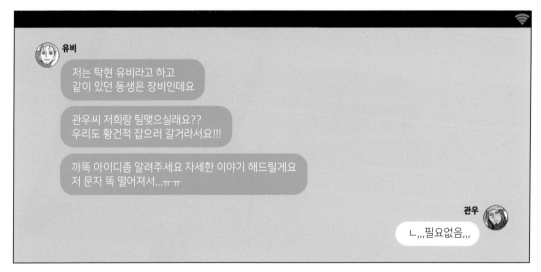

유비
저는 탁현 유비라고 하고
같이 있던 동생은 장비인데요

관우씨 저희랑 팀맺으실래요??
우리도 황건적 잡으러 갈거라서요!!!

까똑 아이디좀 알려주세요 자세한 이야기 해드릴게요
저 문자 똑 떨어져서...ㅠㅠ

관우
ㄴ,,,필요없음,,,

저 까똑,,,
안씀,,,

메시지

유비

아...ㅠㅠ

죄송합니다 제가 너무 나댔죠

관우
?

유비

관우씨 괜찮아요
편히 말씀하셔도 돼요

저한테 빡치신거죠..ㅠㅠㅠ

관우
ㄴㄴ,,,,,

ㄴㄴㄴㄴ,,,,,

유비

근데 왜 거짓말하세요

요즘세상 까똑 안 쓰는
사람이 어딨다고ㅠㅠ

관우
정말임,,

안깔림,,,,,, 제폰,,,구형이라,,,

으악!
화질 구지!

긴 수염의 사나이

관우 vs. 장비! 누가 형이야?

이것 봐 이것 봐~ㅋ 쌤 듣보잡이야~!

관우

'관우' 에 대한 검색결과가 없소이다.

· 단어의 철자가 정확한지 확인해보시오.
· 보다 쉬운 검색어로 재시도 해보시오.
· 맞춤법, 띄어쓰기를 확인해보시오.

혹시 '한우' 를 검색하셨나요?

유사 검색결과 1건
블로그

요즘 뜨는 자격증 정보 얻어가세요! 3년 전
다양한 자료와 무료 상담으로 더 쉽게 자격증을 취득
하실 수 있는 정보를 무료로 얻어가세요 자격증 무료
상담 및 자료 바로 가기〉앙우 경우 창우 캉우 탕우
팡우 항우 **관우** 난우 딴우 뢴우 뫈우 완우...

헹! 의리맨은 무슨!
걍 사람들 많으니까
나섰던 거지…

근데 나는?
싸움도 잘하고 공부도
잘하거든?

장비

검색결과 18건

블로그

[탁군고 소식] 체육대회 MVP, 2학년 1반 '**장비**'
탁군고등학교의 체육대회가 열린 지난 17일, 많은
학생들이 기대에 찬 모습으로 대회에 열중하는 모습
… 모든 경기를 마치고 오늘의 MVP로 뽑힌 학생은
바로 2학년 1반의 **장비** 학생이었습니다. 늠름한…

뉴스

[탁헌뉴스] 제 27회 나라사랑 논술대회 금상, **장비**(탁군고, 2) 수상
[사진] 제 27회 나라사랑 논술대회 금상, **장비** (탁군고등학교, 2학년) …

그니깐 당연히!
내가 형이지!

···숲 (관리자) 계정

*〈정사〉 장비, 보기와는 달리 학식이 깊었다고.

흠~ 근데 이건 좀 아닌가? 유비 형이 비웃겠지?

오디션 프로도 아니고… 검색 결과순으로 형 동생 성하는 건 좀…

…좋았어! 더 뒤져보자!

국 울

ㅏㄴ고우

혹시 알아? 알고 보니 일진이었는지… 아이C 오타!

빠르고 정확한 팩트 뉴스
하동데일리

그러나 목격자들이 "정의구현잼"이라며 수사에 협조하지 않아 사건은 미궁에 빠질 위기입니다.

살인범 고우군 발견시 : **제보 하동군 경찰서**

*〈연의〉 어린 관우, 백성들 괴롭히던 권세가를 때려죽이다. 지명수배자가 되어 이름 바꾸고 도망치다.

국 울

ㅏㄴ고우　　　　　　　　　　　　　　　Ｘ　🔍

뉴스

[속보] 갑질사장 살해당해… "범인 달아나"
하동데일리 6년 전
살인범은 미성년자 '**고우**'군으로 밝혀져…
평소 불의를 보면 못 참았다는 고우군

어엇…?

[속보] 갑질사장 살해당해…

- 누리꾼, "경찰의 허술한 감시 탓, 책임 물어야…"
- 경찰, "범인 연령이 어리다고 방심한 일은 결코 없어"

평소 갑질을 일삼던 토호가 대낮에 맞아 죽었습니다.
심지어 범인은 아직 어린 소년으로 밝혀져 지역사회에
큰 충격을 주고 있습니다.

관우 vs. 장비! 누가 형이야?

…사, 사,
살인범이었어?!

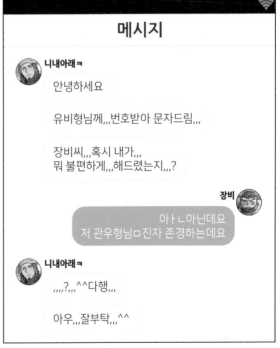

우리 나라 구하러
가즈아!!!

한편, 수도 낙양.

최고급 오피스텔

환영합니다
군청

여 조아만이~!
우리랑 골프 칠려~?

…송구합니다,
장양* 어르신.
제가 바빠서 이만.

뚝!

후우…

이 나라는
x나 망해야 돼…

후한 공무원
조조

*'십상시' 중 우두머리.

관우 vs. 장비! 누가 형이야?

이에 황제폐하는,
전국에 유능한 지휘관과
용감한 장수들을 보내
황건적을 섬멸하라
명했으나…

굶주린 백성들이 계속
황건적에 가담하고 있어,
오히려 상황은
악화되고 있습니다.

조조할인割人
~조조가 인간을 베어버리고자 하다~

황실은 의병들까지
동원해 반드시 황건적을
섬멸하겠다 약속했으나…

글쎄요?
과연 강경대응만이
답일까요?

…대체 왜, 착했던 백성들이
흉악한 도적떼가 되어
이웃을 공격하는 걸까요?

[LIVE●] 황실과 정부, 대국민 사죄 [황건적습격]
황제폐하와
저희 황실은 최선을 다해
백성들을 지켰으나…
퍽
[속보] 황실측 입장, "황실은 최선을 다했다"

이 거짓말쟁이들아!

뭐? 최선을 다해? 입에 침이나 바르고 거짓말해!

황제폐하… 어제 골프 쳤다며?

참말이야? 거짓말이지? 백성들이 죽어가는데…

으아아! 니들이 사람이야?

죄, 죄송합니다. 조조 어르신!

괜찮으십니까?

살려내! 우리 애들 살려내!

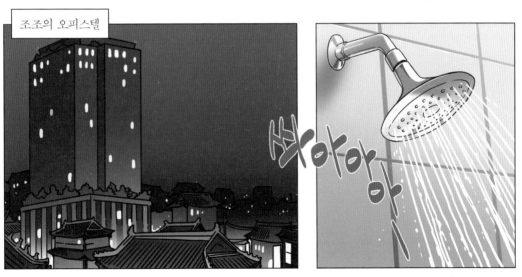

의랑 조조

…휴우!

음?

18:18

새 메시지 하후돈
형ㅋㅋ
TV 잘봤다ㅋㅋ

*하후돈 : 조조의 친척 동생.

하후돈

하후돈
ㅋㅋ 괜찮아?

조조
ㅎㅎ 그래

하후돈
그 할머니 너무하다

아무리 화나도
달걀을 던지냐

조조
난 고맙던데.

짱돌 아닌 게 어딘지

하후돈
ㅠㅠ

진짜 이상하네
왜 황건적 안 줄지?

의병도 엄청 모였다며?

흥! 짜식!
오지랖은…

…!

107

조조할인

띠링

하후돈
? 근데 이 퀴즈가
황건적 못 잡는 거랑 무슨 상관?

조조
우리도 구분이 안된다

하후돈
?

조조
백성들이 배고프면 도적 되는 거고
도적들이 배부르면 백성 되는 거고

근데 무슨 수로 놈들을 없애나

하후돈

조조
아 방법 하나 있네

우리나라 백성들
싸그리 죽여버릴까ㅎㅎ?

하후돈

조조
사실 황건적
뿌리뽑기 쉬워

도적들 없애려면
백성들이 배부르면 돼

그럼 아무도 도적질 안할거다
훔칠 필요가 없으니까

하후돈
ㅎㅎ...............

'십상시
十常侍'.

풀이하면,
열 명의 내시들.

어릴 때 생식기를 제거하고,
황궁에서 혹독하게 훈련시켜…

"황제와 황실에 충성하는 것"
이외의 욕망은 거세한 자들이
바로 이 내시(환관)들이다.

돌아가신
내 조부님 또한,
여러 명의 황제들을
모셨던 환관.

즉, 이 조조는…
내시의 손자!

*조조의 할아버지 '조등'은 환관으로 황제들마저 쥐락펴락하는
거물급이었다. 본디 내시는 자식을 둘 수 없으나, 특별히
허락받아 조숭(조조의 아버지)을 아들로 입양한 것.

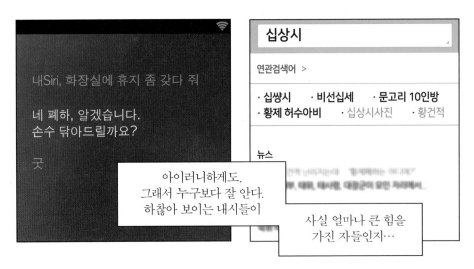

내Siri, 화장실에 휴지 좀 갖다 줘

네 폐하, 알겠습니다.
손수 닦아드릴까요?

굿

십상시

연관검색어 >

·십쌍시   ·비선십세   ·문고리 10인방
·황제 허수아비   ·십상시사진   ·황건적

뉴스

아이러니하게도,
그래서 누구보다 잘 안다.
하찮아 보이는 내시들이

사실 얼마나 큰 힘을
가진 자들인지…

…황제 곁에 착 붙어 있는
십상시들이, 얼마나 위험한 놈들인지!

머칠 전,
조조 사무실

…하! 빌어먹을!
어이가 없군!

황건적 때문에
깊은 고민 중이신 줄
알았더니…

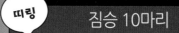

*황제 유굉, 십상시를 측근으로 삼다. 십상시, 나는 새도 떨어뜨릴 권세 자랑하다.

*〈정사〉 스무 살 조조. 북부 도위 벼슬을 맡아 도성 질서 지키다. 십상시 건석의 숙부가 통금 시간을 어기자 곤장 쳐서 죽이다.

결국 아버지가
건석에게 무릎을 꿇고서야
일은 수습됐다.

내 순진함의 죗값을…
대신 치르신 것이다.

네놈 혼자선…
세상을 바꿀 수
없느니라!

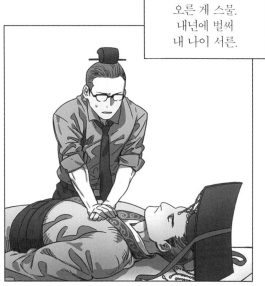

내가 처음 벼슬길에
오른 게 스물.
내년에 벌써
내 나이 서른.

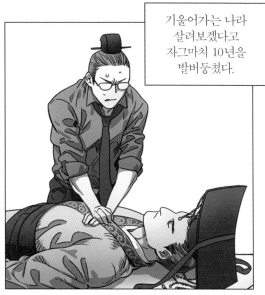

기울어가는 나라
살려보겠다고
자그마치 10년을
발버둥쳤다.

119

그놈들, 십상시

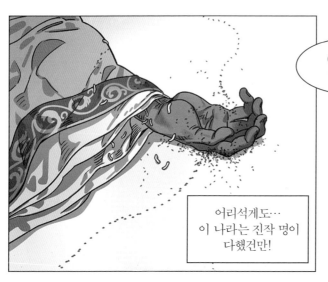

이번 생은
망했군…

어리석게도…
이 나라는 진작 명이
다했건만!

흥! 벼슬 때려치우고
고향에서 농사 지을까?
땅 한 마지기 사서!

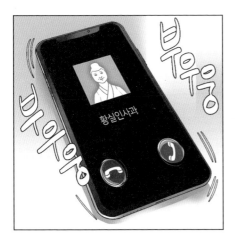

…뭐야?
이 오밤중에.

하, 기막히군!
정말 때려치우든가
해야지…

예, 의랑
조조입니다. 네.

…뭐?

十一.

잔액이 부족합니다

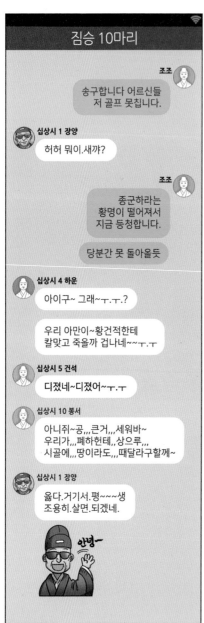

*등청 : 출근.

덥석

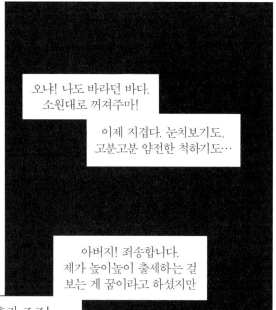

오냐! 나도 바라던 바다.
소원대로 꺼져주마!

이제 지겹다. 눈치보기도.
고분고분 얌전한 척하기도…

아버지! 죄송합니다.
제가 높이높이 출세하는 걸
보는 게 꿈이라고 하셨지만

…이 불효자 조조!
황궁을 박차고 피와 죽음이
흐르는 전장으로 갑니다!

아버님

너. 국산 세단.
중고 싼것. 하나. 사라

황궁 출퇴근.
그것으로 해

외제. 보기 안좋다

조조

옙

아버님

겸손해라.
적들한테도.머리.숙여

그래야 마지막에.이긴다

부아앙

잔액이 부족합니다

…이런!
인상 한번 더럽군.

하긴! 제발로 죽으러
전쟁터에 가는데…

어떤 멍청이가
히죽히죽 웃으랴?

다시 유주, 탁군

킥! 푸힛…

의병장 유비

잔액이 부족합니다

헐! 워씨 극혐.

형님! 그만 쪼개고 까똑 봐봐.

어엉~?

황제갓제너럴 유비군 300명 친목방

유비
여러분 오래 기다렸죠

184

지금 막 황건적 토벌군 등록 마쳤습니다

184

184

유주태수님도 만남ㅋㅋ

184

덕보
오오오
208

근데 대장님 저 질문있는대
220

이제 싸우러 가야잖음? 교통편 어쩔 거냐는데?

우리 전장까지 뭐타고가나요

설마 뚜벅인가요

연화
헐완전군장하고??

황건적이랑 싸우기도 전에 도가니 작살각ㅠ

억 맞다! 미친!
전쟁터 가는 거
셀프랬지?

대형 버스 렌털 서비스	
경로	
출발	탁군
도착	대흥산

탑승인원

15명 이하　　　　　　　　　　　300명 이상

1대 (30인승)　　　　　　　　　　10대 이상

가격 :	5,000,000원

헐!
뭐야…
왤케
비싸!

장난ㅋ?

우리가 300명이니깐
관광버스 빌리지 뭐~

두둥!!

…어? 결제 실패?
헐 이상하네?

둘째야,
나 카드번호
제대로 썼지?

크~ 살았다!
우리 장수르 만세!

우우웅~~
우우웅~~

후한뱅그

[web발신]
후한뱅크 체크카드 장비님
버스렌털 이용거절 : 잔액부족

[web발신]
후한뱅크 체크카드 장비님
버스렌털 이용거절 : 잔액부족

끄억…?!

이런 진상을 보았나

*장비, 돈 다 떨어지다. 삼형제 고민하다.

이런 진상을 보았나

에잉~ 몹쓸 놈! 닌 웃음이 나오냐?

내 자식 같은 말 300마리를 황건적 때문에 다 폐마 처분하게 생겼는데??

*말장수 장세평과 소쌍, 말 팔러 가는 길목이 황건적에게 가로막혀 오도 가도 못하게 되다.

에이ㅋㅋ 그럴 일 없어요. 내가 다 해결했다니깐?

질겅 질겅

끄응…!

이런 진상을 보았나

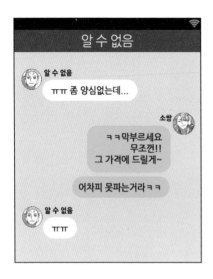

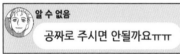

*유비, 장세평과 소쌍에게 말들을 모두 달라 청하다.

이런 진상을 보았나

으쯔ㄹ그의 으으으으으으으윽!!!

죄… 죄송합니다…
시정하겠습니다…
어… 이럴 리가 없는데
ㅋ

줘봐!
내 아주…
쌍욕을
해줄 테다!

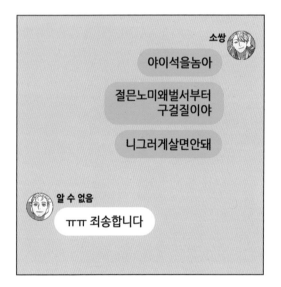

소쌍
야이석을놈아

절믄노미왜벌서부터
구걸질이야

니그러게살면안돼

알 수 없음
ㅠㅠ 죄송합니다

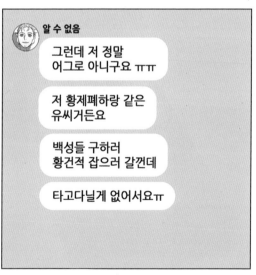

알 수 없음
그런데 저 정말
어그로 아니구요 ㅠㅠ

저 황제폐하랑 같은
유씨거든요

백성들 구하러
황건적 잡으러 갈껀데

타고다닐게 없어서요ㅠ

알 수 없음

좀 도와주세요ㅠㅠ

끙…

읽씹?

ㅇㅇ

하긴, 내가 봐도
개진상이다.
아씨… 어쩌지…

이런 진상을 보았나

우리 급전 땡길까?
방송이라도 해서?

나 콘텐츠 개쩌는 거
있는데 ㅋㅋ

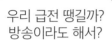

[BJ현덕] ~~희망챌린지~~ (생방)   압포리가TV

[도와주세요] 교통비 모금 [희망챌린지]

50센티 성공시 = 좋소이다 꾸욱~!
1미터 성공시 = 구독 꾸욱~!

백성들 위해서
뭔들 못 팔리!

cjftn : 시작한다ㅋㅋ
[dudgml]님께서 금은보화 100개를 쏘셨소!

[BJ현덕] ~ 쯔어어어어어어아아아아아아—   압포리가TV

[도와주세요] 비 모금 [희망챌린지]

[cjftn]님께서 금은보화 10,000개를 쏘셨소!
[dudgml]님께서 금은보화 10,000개를 쏘셨소!

탁현군청

[긴급재난알림] 황건적 출몰
1~2일 사이에 탁현도착
백성들께서는 지금 즉시
대피바랍니다.

말도 안 돼.

이렇게 빨리??

엄마한테
빨리 뜨라고
해야 돼!!

뜻밖의 선물

엄마~

어~ 아들~

아이구 애기~

키 큰 총각도 있네!

어머니~ㅋㅋ

엄마 지금 어디야?

집이지~

얼, 피난 가라니까!

ㅋㅋ 아들이 도적놈들 잡을 텐데 뭘~

너희 셋이라 다행이다~ 잠 오면 서로 목사탕이라도 까주고 그래~

졸음운전하면 큰~일난다~

이건 사기야

이건 사기야

후욱!

장비를 해제합니다

#앨범에 #저장 #잠금화면 #설정

161

장비를 해제합니다

장비를 해제합니다

顔 안면장부

장비
방금 전

첫킬인증ㅋㅋ 인권위해 스티커 붙여줌

👍 소소님 외 12명이 좋아하오! 댓글4개

막내야! 피해!

엉?

네 뒤에 적이…

아, 안 돼…
너무 늦었어!

장비를 해제합니다

가슴이 뛴다

…전투가 끝나고 이야기를 나누다
우리 삼형제는 그만 웃고 말았다.

모두 같은 기억을 떠올렸단다.
전장을 떠나기 전, 그날의 다툼을.

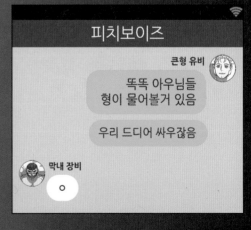

근데 천둥신한텐 오함마가 있고
세일러달한텐 요술봉이 있잖음

우리도 뭐 하나씩
드는 거 어떨까?

위시리스트 대봐
구해다줄게ㅋㅋ

 막내 장비

흠... 나 창ㅋ

큰형 유비

창??

에이 활 쓰지
원거리 딜이 안전한데ㅠ

그리고 빨라
화살 눈에 보이지도 않아

 막내 장비

ㅋ

ㄴㄴ

손이 눈보다 빠름ㅋ

큰형 유비

둘째는 뭐가 편함?

둘째 관우

이런거,,
좋던데,,

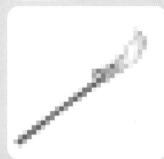

막내 장비

아 님 짜증 비매너

왜 나 따라함 컨셉겹치게??

둘째 관우

ㄴㄴ,,,창 아님,,,이거 칼,,,

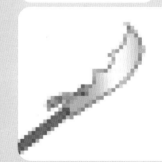

큰형 유비

야야 왜 싸우는데ㅠㅠㅠㅠ

173

사실 두려웠다. '우리 셋이 잘 맞을까?'
'태어난 날도 장소도 다르고
쓰는 무기조차 이렇게 다른데'

'과연… 정말 서로를 믿고
목숨을 맡길 수 있을까?'

…당연하지!

가슴이 뛴다!

나 대단한 사람들이랑
다니는 거였어!

대홍산 전투
승리!
500 vs 50000

이, 이런…
말도 안 돼!

빠, 빨리
어르신께
알려드리자…

어어 추교위~
벌써 끝났남~?

예, 예, 예에…
어르신… 근데…

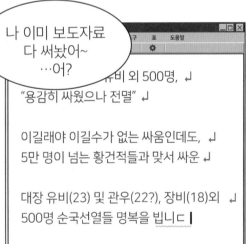

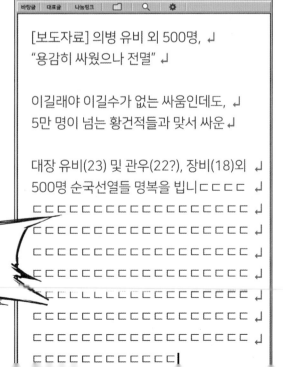

황건적 진압군 주둔지
기주, 광종

어어? 유비이??

캬아~! 그 좌식이
결국 일 쳤구나!!

여봐!
이 티브이에 나온 애!
얘 내 제자야!

황실소속 관군 사령관
북중랑장 노식
(前노식스쿨 교수)

179
노식쌤 안녕하세요

실시간 급상승

1~10위		11~

1 황건적
2 황건적 습격
3 프린스 원소
4 청주성 전투
5 유비 *new!*
6 프로야구
7 관우 *new!*
8 장비 *new!*

7년 전, 노식스쿨
(유비 16세)

근데 귀 보니깐 딱! 알겠네! 이야~ 얘는 나 기억도 못 하겠지~?

내 이름도 모를 거야~ 나쁜 놈~ ㅠㅠ

어르신, 조용.

제가 제일 좋아하는 부분이라서.

♪억압받은 나의 조국이여! ♪
♪ Patria oppressa! ♪

내가 이 나라를
구원하리라.

뺨을 타고 흐르는 눈물...☆

#익숙 #응그래 #응무시

소식　지식人　솜씨　수포추　민화/패관문학　人　∨

실시간급상승　1 황건적의 난　∨

대명문가 2세 '프린스 원소'
황건적 토벌대 자원입대… "우와"

전국에서 반란…
"나라 망하기 직전"

황건적 숫자
50만명 넘어가…

본초 어린이,
음악 꺼.

놉~!

저, 저런 양아치 놈~!

뭐 저런 놈이 다 있나 그래?

 학사팀 방교수님

 학사팀 방교수님
아~ 유비?

걔 착하지,,,ㅎㅎ 입학지원서 봤어?

졸업하면 벼슬해서 백성들 돕겠다더라ㅎㅎ

노식
흠

 학사팀 방교수님
근데 어렵지,,, 애 집이 많이 힘들어,,

어머니랑,,둘이 사는데,, 등록금,,사촌어른이 겨우 대줬다나,,

그러면 나중에 벼슬하기 어렵잖어

걔가 지금 목표가 없어,,ㅜ.ㅜ

나한테만 저러는 게야? 아니면 다른 선생들한테도… 으응?

*가난하면 벼슬하기가 힘들었다. 큰돈을 주고 벼슬을 사거나, 명문가에서 태어나야 했다.

186

부끄럽구나! 그것도 모르고…
쥐콩만한 게 어깨가 무거워
그리 잠을 잤다냐?

이런 더러운 세상 만든 건
우리 어른들이거든!
내일부턴 잘해줘야겠구먼…

개새요? 개새요??

얘야??
이거… 오타 맞지?
실수지???

☰ 메일검색

답장 전체답장

[유비] 안녕히개새요.

• 보낸 사람   유비 <hyundeok@nosicschool.com>
  받는 사람   노식 <nosic@nosicschool.com>

자퇴사유서

성명 : 유비
과 :
학번 :
연락처 :

사유 :

다 쓸 데 없음

그날로
유비 녀석은
노식스쿨을
떠나버렸다.

내 제자,
내 아픈 손가락!
그리 무정하게
가버린 님이건만…

#창피 #부끄 #흑역사와의 #만남

노식

그리하야?
어인 일로 연락했는지?

빤질이 유비

아...
그냥 교수님 생각나서요...ㅜ

기사 봤습니다

지금 광종에서 황건적
15만이랑 싸우신다고...

그런데…
교수님이 이끄는
관군은

겨우…
5만 명뿐이라뇨!

*장각, 장보, 장량 : 황건적 우두머리 셋.

제자가
1 대 100으로
이겼는데~

쌤인 내가
1 대 3도 못 이기면
섭하쥐~!

올 것 없다, 요넘아~!
황건적 진압
진작 끝났담마!

아니면… 와서
처형식 구경이나
할 테냐?

요 발칙한
도적놈들…
목을 칠거나?

아님 산 채로
가죽을
벗겨줄거나~?

아니쥐~
걍 반성문 100장 쓰면
풀어줘야것다~!

단! 무조건
손글씨로 쓸 것!

#프린트 #금지 #손마디 #노래저봐라

야 비야~ 못살겠다!
이게 사는 거냐~?
백성이 도적 되고…
그 도적 다시 우리가
죽이는 게?

얼른 전쟁 끝내야지~
그래야 다들 평화롭게
직장 가고 학교 가지~

네…ㅜㅜ
그쵸…

유비의 흑역사

Ah⋯ 기억하고 말고,
아만(웃음).

너를 처음 만난 건
화려한 파티장에서였지.

대명문가 원씨 대표
어린 원소

아만아~
원소 형아야~
사이좋게 놀아~

어린 조조
(아명 아만)

우와!
너 참 똘똘하게
생겼구나!

좋아,
너 내 부하!
(웃음)

조조가 지나간 자리

관군 주둔지
영천

엥???
이미
끝났어요
??

말씀하신
장보, 장량군…
저희랑 교전 끝에
퇴각했습니다.

허어어얼……
ㅠㅠ

휘하 속관 1인
중랑장 황보숭

헉! 아…
죄송합니다!
대승 축하드립니다!

오는 길에 봤는데…
와- 엄청나던데요?

아… 예!
그러게나 말입니다.

참으로…
엄청난 분이지요!

황궁에서 오신
지휘관이라는데…
그런 분은
처음 봤습니다.

정말… 적에게
무자비하시더군요…

살려
주십쇼
나리!!!

차라리
묶어서
잡아가십
…

조조가 지나간 자리

저희 관군들이
모두 달려들어
세었는데도…

며칠이나
걸렸지요…

그러니 이만
가시지요.

그 어르신이
계신 한…
여기는 안전합니다!

자그마치
1만!

그분께서
베어오신…
적들 머리
숫자입니다.

저… 정말
대단하네요.
근데 막내야!

오독…

쭌…
왠지 짜증

너무 대단하셔서
그런가?

조조가 지나간 자리

나 왜…
갑자기 속이
안 좋지?

기도위* 조조

*기도위 : 벼슬 이름.

제2권으로 이어집니다

삼국지톡

삼국지톡
후기만화

무적핑크의 스토리 작업용 책상. 한국에 출간된
거의 모든 『삼국지』 연의와 정사들은 물론 고지도, 병법서, 논문 등
각종 참고자료들을 펼쳐놓고 이야기를 짭니다!

건배! 『삼국지톡』 1권 단행본을
사주셔서 감사합니다!

와! 정말 정말
기쁩니다.
웹툰에 이어,
이렇게 책으로
찾아뵙게
되다니!

꿈만
같아요.

사실 『삼국지톡』은
제가 작업을 포기하고…
오랜 시간 가슴에
묻어두었던
기획이거든요.

※원래는
학습만화였다!

*2015년 즈음에 그린 학습만화풍 유비의 스케치들.

*혼란스러웠던 1800년 전 중국 역사(정사)를 바탕으로, 명나라 사람인 나관중이 쓴 소설이 우리가 아는 『삼국지연의』이다. 유비, 관우, 장비 등은 모두 실존인물이지만, 유명한 도원결의 장면이나 미녀 초선의 일화 등은 지어낸 것이다.

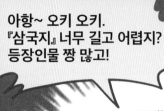

아항~ 오키 오키.
『삼국지』너무 길고 어렵지?
등장인물 짱 많고!

걱정 마! 내가 무조건!
쉽고 짧게 설명해줄게!

야~ 됐다고! 등장인물
많아서 사람들이 안 읽냐?
아이돌 멤버가 101명이어도
팬들은 이름 다 외우거든?

한 권으로 읽는 삼국지?
아니, 반 권으로 읽는 삼국지 가자!

그런 거 서점에
널렸거든?!

아 삼국지 진짜
재밌다고 ㄲㄲ

또 길다고 다 노잼인가?
해리포터 엄청 두껍고
시리즈 합쳐 일곱 시리즈나 되지만
인류 역사상 가장 성공한
스토리거든?

맞아. 『삼국지』는 쫌
안 끌려요 ㄲㄲㄲㄲ
나랑 상관없는 이야기라…

가르칠 생각 말고!
재밌게 만들란 말야!

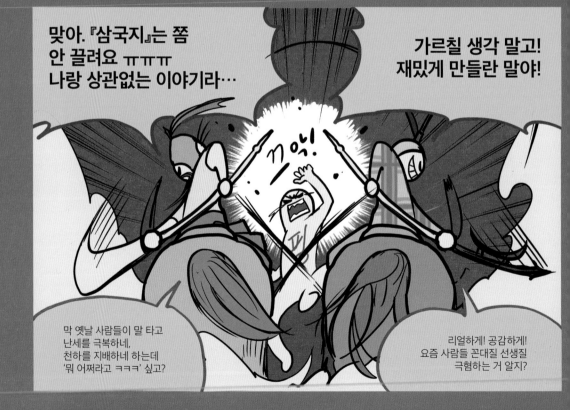

ㄲ억!

막 옛날 사람들이 말 타고
난세를 극복하네,
천하를 지배하네 하는데
'뭐 어쩌라고 ㄲㄲㄲ' 싶고?

리얼하게! 공감하게!
요즘 사람들 꼰대질 선생질
극혐하는 거 알지?

그래서 「삼국지톡」을 싹 뜯어고쳤죠. 신나는 액션 개그만화로요!

캐릭터들 생김새도 친숙하게 디자인하고, 관직명, 칭호는 쉽게 풀이하거나 현대적으로 각색했습니다.
제가 너무나 존경하는, 이리 작가님의 멋진 그림을 만나… 짜잔! 드디어 「삼국지톡」 탄생!

약자가 강자가 되고, 강자가 약자가 되고,
어제의 적이 오늘의 벗이 되는 인간 드라마!

'옛날이야기'가 아닌 '내 이야기' 「삼국지톡」!
오직 여러분을 위해 준비했습니다. 함께해요!

2권에서 만나용~!

네이버웹툰 연재중!

삼국지톡 후기만화 -이리-

삼국지톡 1

ⓒ YLAB, 무적핑크, 이리

1판 1쇄	2020년 4월 8일
1판 4쇄	2023년 4월 7일
글	무적핑크
그림	이리
기획·제작	YLAB
책임편집	이보은
편집	김지애 김지아 김해인 조시은
디자인	이현정
저작권	박지영 형소진 오서영
마케팅	정민호 이숙재 김도윤 한민아 이민경 안남영 김수현 왕지경 황승현 김혜원
브랜딩	함유지 함근아 박민재 김희숙 고보미 정승민
제작	강신은 김동욱 임현식
펴낸곳	(주)문학동네
펴낸이	김소영
출판등록	1993년 10월 22일 제 2003-000045호
주소	10881 경기도 파주시 회동길 210
전자우편	comics@munhak.com
대표전화	031-955-8888	팩스 031-955-8855
문의전화	031-955-3578(마케팅) 031-955-2677(편집)
인스타그램	@mundongcomics
카페	cafe.naver.com/mundongcomics
트위터	@mundongcomics
페이스북	facebook.com/mundongcomics
북클럽문학동네	bookclubmunhak.com
ISBN	978-89-546-7112-5 04910
	978-89-546-7111-8 (세트)

www.munhak.com